AF247270

QUESTIONNAIRE

POLITIQUE

PAR

Le Comte de HEMPTINNE

N° 3

LA TOLÉRANCE

QUESTIONNAIRE

POLITIQUE

PAR

Le Comte de HEMPTINNE

N° 3

LA TOLÉRANCE

Permis d'imprimer l'opuscule intitulé :

« LA TOLÉRANCE »

Par le comte de HEMPTINNE.

Lille, le 20 Septembre 1877.

† HENRI MONNIER,

Ev. de Lydda, chancelier de l'Université catholique

LA TOLÉRANCE

J'ai déjà touché la question de la tolérance dans **mes** deux opuscules publiés précédemment (1). J'avais cru y avoir clairement exposé ma pensée sur ce sujet délicat. Des objections qui m'ont été faites, prouvent que je me suis trompé. C'est ce qui me décide à écrire, sur la tolérance, ce questionnaire spécial, où je tâche d'être plus précis et plus clair.

Comte de HEMPTINNE.

(1) *La Thèse, l'Hypothèse et l'Antithèse. — Le Libéralisme.* — Lille, Ducoulombier.

LA TOLÉRANCE

---

1. — Quel est le principal devoir de tout gouvernement?

R. D'être le ministre de Dieu pour le bien (1), et, comme tel, de porter l'épée au service de l'Eglise et du Pape.

2. — Le Pape concentre-t-il donc entre ses mains les deux pouvoirs?

R. Non, sans doute. Il existe bien réellement deux puissances distinctes, qui ont toutes deux leur initiative propre. Mais la puissance temporelle est

---

(1) *Dei enim minister est [potestas] tibi in bonum; si autem malum feceris time : non enim sine causa gladium portat; Dei enim minister est, vindex in iram et qui malum agit.* — (Ad Rom., XIII, 4).

subordonnée à la puissance spirituelle, et doit, quand elle en est requise par celle-ci, manier le glaive pour le service de l'Eglise (1).

3. — Les gouvernements sont-ils tenus de punir tout mal ?

R. Non, ils peuvent et doivent quelquefois laisser impuni certain mal, c'est ce qu'on appelle *tolérance.*

4. — Toute déviation à la loi de Dieu peut-elle devenir l'objet de la tolérance ?

R. Non, il y a des déviations qui ne peuvent jamais être tolérées ; d'autres peuvent l'être, mais à la double

(1) « Le glaive spirituel et le glaive matériel sont donc l'un et l'autre en la puissance de l'Eglise ; mais le second doit être employé pour l'Eglise, et le premier par l'Eglise. Celui-ci est dans la main du prêtre, — celui-là dans la main des rois et des soldats, mais sous la direction et la dépendance du prêtre. L'un de ces glaives doit être subordonné à l'autre, et l'autorité temporelle doit être soumise au pouvoir spirituel. En effet, suivant l'Apôtre, *Toute puissance vient de Dieu, et celles qui existent sont ordonnées de Dieu.* Or, elles ne seraient pas *ordonnées* si un glaive n'était pas soumis à l'autre glaive, et comme inférieur, ramené par lui à l'exécution de la volonté souveraine. *Uterque ergo est in potestate Ecclesiae spiritualis scilicet gladius et materialis ; sed is quidem pro Ecclesia, ille vero ab Ecclesia exercendus. Ille sacerdotis, is manu regum et militum, sed ad nutum et patientiam sacerdotis. Oportet autem gladium esse sub gladio, et temporalem auctoritatem spirituali subiici potestati. Nam cum dicat Apostolus :* Non est potestas nisi a Deo ; quae autem sunt a Deo ordinatae sunt ; *non autem ordinatae essent nisi gladius esset sub gladio, et tanquam inferior reduceretur per alium in suprema.* » (Bulle *Unam Sanctam* de Boniface VIII).

condition : d'avoir été introduites sous l'empire de circonstances fâcheuses, pour éviter un mal plus grand, et de ne pas être élevées à la dignité de droits.

5. — Les gouvernements n'ont-ils aucun devoir par rapport aux déviations qu'ils tolèrent ?

R. Ils doivent veiller à ce que cette tolérance n'excède pas certaines bornes et ne dégénère pas en complicité. De plus, ils doivent travailler, de concert avec l'Eglise, à rendre le peuple meilleur, afin que la tolérance cesse d'être nécessaire ou utile.

6. — Est-il facile d'assigner la limite où la tolérance devient illicite ?

R. Non, il n'est pas facile d'assigner cette limite ; mais en cette matière, l'Eglise et ceux qui la gouvernent sont les juges ordinaires ; en matière grave, la cause est réservée au Souverain Pontife.

7. — Pouvez-vous citer des déviations à la loi de Dieu qu'il n'est jamais permis de tolérer ?

R. Oui, telles sont les libertés de conscience, des cultes, de la presse et autres du même genre, proclamées par les révolutionnaires à la fin du siècle dernier.

8. — Sur quelle preuve appuyez-vous cette assertion ?

R. Sur ce que ces libertés ont été constamment proscrites par l'Eglise comme ouvrant la voie large à toutes les erreurs, à toutes les corruptions et frappant l'Eglise catholique d'une mortelle blessure (1). Il résulte de ces effets, les plus désastreux qu'on puisse imaginer, qu'il n'existe pas de mal plus grand, voire même aussi grand que le mal des libertés modernes. Comment la tolérance d'un tel mal pourrait-elle jamais être utile ou licite?

9. — Les condamnations du Saint-Siége ne se bornent-elles pas à frapper ceux qui prétendent ces libertés basées sur le droit naturel?

R. Non, ces condamnations ne se bornent pas à frapper ceux qui prétendent les libertés modernes fondées sur le droit naturel; elles frappent également les lois ou constitutions qui consacrent les dites libertés (2) et tous ceux qui soutiennent ces lois comme utiles et nécessaires à l'état présent des choses.

10. — Est-ce à dire que les gouvernés doivent, *hic et nunc*, se révolter contre les lois qui consacrent les libertés modernes?

R. Certainement non. Les gouvernés peuvent subir,

---

(1) *Non opus certe multis est ut plane agnoscas quam lethali vulnere catholica religio in Galliis per huiusmodi articulum percellatur*, dit Pie VII, en parlant de la constitution sénatoriale qui concerne la liberté des cultes. (Lettre à Mgr de Boulogne, Evêque de Troyes).

(2) Pour ne citer qu'un fait, dans sa lettre du 29 avril 1814 à l'Evêque de Troyes, Pie VII dit expressément qu'il réprouve le plus énergiquement possible les articles 22 et 23 de la Constitution sénatoriale, établissant les libertés de la presse et des cultes.

nous l'avons dit ailleurs, cette législation détestable, mais ils doivent travailler avec zèle à rendre possible le changement de ces lois. Quant aux gouvernants, ils ne peuvent, quelle que soit la situation morale du pays, ni introduire, ni maintenir, ni exécuter des lois qui ont pour effet fatal de détruire la foi et de corrompre les mœurs.

11. — Les constitutions modernes, telles qu'elles sont établies en Belgique, en France et ailleurs, ne peuvent-elles pas être considérées comme de simples lois de tolérance, rendues légitimes et même nécessaires par les circonstances fâcheuses ?

R. Non, car nous avons vu que la tolérance des libertés proclamées par ces constitutions est toujours illicite ; et, en admettant que cette tolérance pût être licite, il ne serait jamais permis de l'inscrire dans les lois et de l'élever ainsi à la dignité de droit.

12. N'est-il donc jamais permis de tolérer de faux cultes ?

R. Certains faux cultes peuvent être tolérés comme simple fait — et même quelquefois doivent l'être — selon les circonstances et sous certaines conditions. Il ne faut pas confondre les libertés, dites modernes, avec le simple fait de subir provisoirement l'existence de certains cultes dissidents, ainsi que cela se pratiquait à Rome même, sous le gouvernement temporel de Pie IX.

13. — Que sont ces lois que l'on voudrait faire passer sous le nom de lois de tolérance ?

R. Sous le masque de la tolérance, elles sont protectrices du mal : elles garantissent à l'erreur la liberté d'être professée, au mal la liberté d'être pratiqué, sous la protection de l'Etat; elles garantissent l'impunité à celui qui, par la presse, répand le poison des âmes; elles assurent une paisible existence aux sociétés qui conspirent contre l'Eglise et l'Etat; elles interdisent aux législateurs d'établir la censure, et, comme en Belgique par exemple, de porter des lois pour faire observer le repos dominical (1).

14. — Comment faut-il qualifier ces lois dites de tolérance (2) ?

R. Nous les avons appelées ailleurs lois de sacrilége indifférence, qui attirent sur le monde les châ-

(1) L'article XV de la Constitution belge porte que « Nul ne peut être contraint de concourir d'une manière » quelconque aux actes et aux cérémonies d'un culte, » ni d'en observer les jours de repos. »

(2). Aux catholiques qui s'obstinent à ne voir dans les Constiutions modernes que de simples lois de tolérance, nous proposons le raisonnement suivant :

L'Eglise catholique existe en Belgique au même titre que les faux cultes, c'est-à-dire, en vertu de la Constitution. S'il est vrai que celle-ci est une loi de tolérance, l'Eglise catholique n'est que tolérée en Belgique ; si elle n'est que tolérée, elle est mauvaise, car on ne tolère pas une chose bonne.

Mais l'Eglise catholique est plus que tolérée, elle est libre ; le mal est que cette liberté est à la moderne, c'est-à-dire fausse et illusoire, puisque le mal, lui aussi, est placé sous la protection de l'Etat.

timents divins et menacent d'engloutir l'ordre civil et religieux dans un affreux cataclysme.

15. — Que faut-il faire pour conjurer ce cataclysme?

R. Il n'y a qu'une voie : revenir à l'ordre normal; l'Etat doit être catholique; il doit protéger la vraie religion; il doit aider l'Eglise à exercer sa salutaire influence; il doit empêcher la propagation du poison moral avec un zèle égal à celui qu'il déploie contre la peste bovine et le doryphora. Pour remplir ce devoir rigoureux, l'Etat doit sans doute user de prudence, mais la prudence ne consiste jamais à abdiquer son devoir. L'Etat ne méritera la soumission des peuples, qu'en donnant l'exemple public de la soumission à Dieu. C'est ainsi que les questions sociales, qui préoccupent tant d'esprits, trouveront leur solution naturelle et unique en celui *par qui les rois règnent.*

Nous reproduisons, comme appendice, la partie doctrinale du bref de Pie IX à M. le professeur Périn : le lecteur y retrouvera en substance tout le questionnaire :

Nous avons pensé qu'il était juste de louer la clarté et la liberté avec lesquelles vous exposez, expliquez et défendez les purs principes, et avec lesquelles, traitant de tout ce qui dans les lois civiles peut s'écarter de ces principes, vous condamnez certaines de ces déviations et vous enseignez que certaines autres — si elles ont été introduites sous l'empire de circonstances pour éviter des maux plus graves — peuvent à la vérité être tolérées, mais non élevées à la dignité de droits, vu qu'il ne peut y avoir aucun droit contre les éternelles lois de la justice.

Et plût à Dieu qu'ils le comprissent ceux qui se vantent d'être catholiques, bien qu'ils adhèrent avec une telle opiniâtreté aux libertés de conscience, des cultes, de la presse et autres du même genre proclamées par les révolutionnaires à la fin du siècle dernier, et constamment proscrites par l'Eglise, — que non-seulement ils prétendent qu'on doit les tolérer, mais encore qu'on doit pleinement les tenir pour des droits, et les favoriser et les défendre comme nécessaires à la condition présente des choses et à la marche du progrès : comme si ce qui est en opposition avec la vraie religion, ce qui fait l'homme autonome et l'affranchit de l'autorité divine, ce qui ouvre la voie large à toutes les erreurs et à la corruption, pouvait apporter aux nations prospérité, profit et gloire.

Merito commendari censuimus perspicuitatem et libertatem, qua sana principia proponis, explicas, tueris, et qua quidquid ab iis deflectat in civilibus legibus, aut condemnas, aut, si imperantibus rerum adiunctis, ad graviora mala vitanda invectum fuerit, tolerari quidem posse doces, sed non eve hi ad honorem iuris, cum nullum ius esse possit adversus aeternas iustitiae leges. Atque utinam id illi intelligerent, qui se catholicos iactant, licet adeo praefracte adhaereant libertatibus conscientiae, cultuum typorum aliisque id generis promulgatis a rebellibus exeunte praeterito saeculo, et constanter ab Ecclesia proscriptis, ut non solum eas tolerandas contendant, sed habendas omnino loco iurium, et fovendas propugnandasque uti necessarias praesenti rerum conditioni progressuique promovendo, perinde ac si quod verae religioni opponitur, quod hominem autonomum facit et divinum solutum imperio, quod amplam pandit viam erroribus omnibus et corruptioni, prosperitatem, profectum, gloriam afferre posset nationibus.

Lille, imp. Ducoulombier, r. De Pas, 17.